Canada 1, 2, 3

Illustrations de
Per-Henrik Gürth

Texte de
Kim Bellefontaine

Éditions
■SCHOLASTIC

Une feuille d'érable s'envole au vent.

2

Deux ours polaires jouent dans la neige.

Trois totems se dressent fièrement sur la côte Ouest.

Quatre skieurs
dévalent les pentes enneigées.

5

Cinq fermiers moissonnent leur champ.

6 **Six** canots
glissent sur le lac.

Sept joueurs de hockey patinent sur la mare gelée.

8

Huit loups
hurlent à la lune.

Neuf bateaux de pêche dansent sur les vagues.

Dix tulipes fleurissent sur la colline du Parlement.

Encore plus à compter!

1

2

3

4

5

À notre fils, Benjamin — K.B. et P.-H.G.

Catalogage avant publication de Bibliothèque et Archives Canada

Gurth, Per-Henrik
Canada 1, 2, 3 / illustrations de Per-Henrik Gürth;
auteur, Kim Bellefontaine.

Traduction de : Canada 123.
Public cible : Pour enfants de 2 à 6 ans.

ISBN-13 978-0-439-94042-9
ISBN-10 0-439-94042-7

1. Calcul--Ouvrages pour la jeunesse. 2. Canada--Miscellanées--Ouvrages
pour la jeunesse. I. Bellefontaine, Kim (Kim Anne) II. Titre. III. Titre: Canada
un, deux, trois.

QA113.G8714 2006   j513.2'11   C2005-905336-4

Édition publiée par les Éditions Scholastic,
604, rue King Ouest, Toronto (Ontario) M5V 1E1,
avec la permission de Kids Can Press Ltd.

7 6 5 4 3   Imprimé en Chine CP130   10 11 12 13 14

Les illustrations ont été créées au moyen du logiciel Adobe Illustrator.
Pour le texte, on a utilisé la police de caractères Providence-Sans Bold.

Conception graphique de Per-Henrik Gürth et Céleste Gagnon.